AF542532

Todos los libros de Linkgua Ediciones cuentan con modelos de Inteligencia Artificial entrenados por hispanistas. Pregúntale al chat de tu libro lo que desees acerca de la obra o su autor/a.

Para ebooks: Accede a nuestro modelo de IA a través de este enlace.

Para libros impresos: Escanea el código QR de la portada con tu dispositivo móvil.

Obtén análisis detallados de nuestros libros, resúmenes, respuestas a tus preguntas y accede a nuestras ediciones críticas generativas para una experiencia de lectura más enriquecedora.
La transparencia y el respeto hacia la autoría de las fuentes utilizadas son distintivos básicos de nuestro proyecto. Por ello, las respuestas ofrecen, mediante un sistema de citas, las fuentes con las que han sido elaboradas.

Esteban Echeverría

La cautiva

Barcelona 2024
Linkgua-ediciones.com

Créditos

Título original: La cautiva.

e-mail: info@red-ediciones.com

Diseño de cubierta: Michel Mallard.

ISBN rústica ilustrada: 978-84-9953-658-3.
ISBN tapa dura: 978-84-1126-099-2.
ISBN ebook: 978-84-9897-682-3.

Sumario

Brevísima presentación

La vida

Esteban Echeverría (Buenos Aires, 1805-1851). Argentina.

Nació en septiembre de 1805 en Buenos Aires. Las muertes de sus padres marcaron su infancia y su adolescencia. Fue uno de los alumnos más destacados del departamento de estudios preparatorios de la Universidad, en el que ingresó en 1822 interesado por las asignaturas de latín, ideología, lógica y metafísica.

Trabajó en la aduana, estudió historia y francés y escribió poemas.

Más tarde, en octubre de 1825, marchó a Francia en un viaje que marcó su orientación filosófica y política.

Murió el 19 de enero de 1851 de una afección pulmonar.

Barbarie y civilización

La cautiva es un relato apasionado sobre las relaciones entre aborígenes y blancos, escrito en la Argentina del siglo XIX.

Dos amantes apresados por los indios emprenden una huida desesperada a través del desierto. El relato oscila, con esquizofrenia colonial, entre una defensa a ultranza del honor cristiano y una cierta fascinación distante por el modo de vida de los indios.

Cita

Female hearts are such a genial soil
For Kinderfeelings, whatsoe'er their nation,
They naturally pour the «wine and oil»
Samaritans in every situation
Byron

En todo clima el corazón de la mujer es tierra fértil
en afectos generosos: ellas en cualquier circunstancia
de la vida saben,
como la Samaritana, prodigar el óleo y el vino

Primera parte. El desierto

Ils vont. L'espace est grand.
Hugo

Ellos van. El espacio es grande

Era la tarde, y la hora
en que el Sol la cresta dora
de los Andes. El desierto
inconmensurable, abierto,
y misterioso a sus pies
se extiende; triste el semblante,
solitario y taciturno
como el mar, cuando un instante
el crepúsculo nocturno,
pone rienda a su altivez.

Gira en vano, reconcentra
su inmensidad, y no encuentra
la vista, en su vivo anhelo,
do fijar su fugaz vuelo,
como el pájaro en el mar.
Doquier campos y heredades
del ave y bruto guaridas,
doquier cielo y soledades
de Dios solo conocidas,
que Él solo puede sondar.

A veces la tribu errante
sobre el potro rozagante,

cuyas crines altaneras
flotan al viento ligeras,
lo cruza cual torbellino,
y pasa; o su toldería[1]
sobre la grama frondosa
asienta, esperando el día
duerme, tranquila reposa,
sigue veloz su camino.

¡Cuántas, cuántas maravillas,
sublimes y a par sencillas,
sembró la fecunda mano
de Dios allí! ¡Cuánto arcano
que no es dado al mundo ver!
La humilde hierba, el insecto,
la aura aromática y pura;
el silencio, el triste aspecto
de la grandiosa llanura,
el pálido anochecer.

Las armonías del viento
dicen más al pensamiento
que todo cuanto a porfía
la vana filosofía
pretende altiva enseñar.
¡Qué pincel podrá pintarlas
sin deslucir su belleza!
¡Qué lengua humana alabarlas!
Solo el genio su grandeza
puede sentir y admirar.

Ya el Sol su nítida frente

1 Toldería: el conjunto de chozas o el aduar del salvaje.

reclinaba en occidente,
derramando por la esfera
de su rubia cabellera
el desmayado fulgor.
Sereno y diáfano el cielo,
sobre la gala verdosa
de la llanura, azul velo
esparcía, misteriosa
sombra dando a su color.

El aura moviendo apenas
sus alas de aroma llenas,
entre la hierba bullía
del campo que parecía
como un piélago ondear.
Y la tierra, contemplando
del astro rey la partida,
callaba, manifestando,
como en una despedida,
en su semblante pesar.

Solo a ratos, altanero
relinchaba un bruto fiero,
aquí o allá, en la campaña;
bramaba un toro de saña,
rugía un tigre feroz;
o las nubes contemplando,
como extático y gozoso,
el yajá,[2] de cuando en cuando,

2 Yajá: el padre Guevara hablando de esta ave, en su historia del Paraguay, dice: «Al Yahá justamente le podemos llamar el volador y centinela. Es grande de cuerpo y de pico pequeño. El color es ceniciento con un collarín de plumas blancas que lo rodean. Las alas están armadas de un espolón colorado y fuerte con que pelea... En su

turbaba el mudo reposo
con su fatídica voz.

Se puso el Sol; parecía
que el vasto horizonte ardía:
la silenciosa llanura
fue quedando más oscura,
más pardo el cielo, y en él,
con luz trémula brillaba
una que otra estrella, y luego
a los ojos se ocultaba,
como vacilante fuego
en soberbio capitel.

El crepúsculo, entretanto,
con su claroscuro manto,
veló la tierra; una faja,
negra como una mortaja,
el occidente cubrió;
mientras la noche bajando
lenta venía, la calma
que contempla suspirando,
inquieta a veces el alma,
con el silencio reinó.

Entonces, como el ruido,

---

canto repite estas voces: yahá, yahá, que significa, en guaraní, "vamos, vamos" de donde se le impuso el nombre. El misterio y significación es que estos pájaros velan de noche, y en sintiendo ruido de gente que viene, empiezan a repetir yahá, yahá, como si dijeran: vamos, vamos, que hay enemigos, y no estamos seguros de sus asechanzas». Los que saben esta propiedad del yahá, luego que oyen su canto se ponen en vela, temiendo vengan enemigos para acometerlos... En la provincia se llama chajá o yajá indistintamente.

que suele hacer el tronido
cuando retumba lejano,
se oyó en el tranquilo llano
sordo y confuso clamor;
se perdió... y luego violento,
como baladro espantoso
de turba inmensa, en el viento
se dilató sonoroso,
dando a los brutos pavor.

Bajo la planta sonante
del ágil potro arrogante
el duro suelo temblaba,
y envuelto en polvo cruzaba
como animado tropel,
velozmente cabalgando;
víanse lanzas agudas,
cabezas, crines ondeando,
y como formas desnudas
de aspecto extraño y cruel.

¿Quién es? ¿Qué insensata turba
con su alarido perturba,
las calladas soledades
de Dios, do las tempestades
solo se oyen resonar?
¿Qué humana planta orgullosa
se atreve a hollar el desierto
cuando todo en él reposa?
¿Quién viene seguro puerto
en sus yermos a buscar?

¡Oíd! Ya se acerca el bando

de salvajes, atronando
todo el campo convecino.
¡Mirad! Como torbellino
hiende el espacio veloz.
El fiero ímpetu no enfrena
del bruto que arroja espuma;
vaga al viento su melena,
y con ligereza suma
pasa en ademán atroz.

¿Dónde va? ¿De dónde viene?
¿De qué su gozo proviene?
¿Por qué grita, corre, vuela,
clavando al bruto la espuela,
sin mirar alrededor?
¡Ved que las puntas ufanas
de sus lanzas, por despojos,
llevan cabezas humanas,
cuyos inflamados ojos
respiran aún furor!

Así el bárbaro hace ultraje
al indomable coraje
que abatió su alevosía;
y su rencor todavía
mira, con torpe placer,
las cabezas que cortaron
sus inhumanos cuchillos,
exclamando: —«Ya pagaron
del cristiano los caudillos
el feudo a nuestro poder.

Ya los ranchos[3] do vivieron
presa de las llamas fueron,
y muerde el polvo abatida
su pujanza tan erguida.
¿Dónde sus bravos están?
Vengan hoy del vituperio,
sus mujeres, sus infantes,
que gimen en cautiverio,
a libertar, y como antes
nuestras lanzas probarán».

Tal decía; y, bajo el callo
del indómito caballo,
crujiendo el suelo temblaba;
hueco y sordo retumbaba
su grito en la soledad.
Mientras la noche, cubierto
el rostro en manto nubloso,
echó en el vasto desierto,
su silencio pavoroso,
su sombría majestad.

3 Ranchos: cabañas pajizas de nuestros campos.

Segunda parte. El festín

...orribile favelle,
parole di dolore, accenti d'ira,
voci alte e fioche, e suon di man con elle
facevan un tumulto...
Dante

...hórridas querellas
voces altas y bajas en son de ira,
con golpes de manos a par de ellas,
como un tumulto...

Noche es el vasto horizonte,
noche el aire, cielo y tierra.
Parece haber apiñado
el genio de las tinieblas,
para algún misterio inmundo,
sobre la llanura inmensa,
la lobreguez del abismo
donde inalterable reina.
Solo inquietos divagando,
por entre las sombras negras,
los espíritus foletos
con viva luz reverberan,
se disipan, reaparecen,
vienen, van, brillan, se alejan,
mientras el insecto chilla,
y en fachinales[4] o cuevas
los nocturnos animales

4 Fachinales: llámase así en la provincia, ciertos sitios húmedos y bajos en donde crece confusa y abundantemente la maleza.

con triste aullido se quejan.
La tribu aleve, entretanto,
allá en la pampa desierta,
donde el cristiano atrevido
jamás estampa la huella,
ha reprimido del bruto
la estrepitosa carrera;
y campo tiene fecundo
al pie de una loma extensa,
lugar hermoso do a veces
sus tolderías asienta.
Feliz la maloca[5] ha sido;
rica y de estima la presa
que arrebató a los cristianos:
caballos, potros y yeguas,
bienes que en su vida errante
ella más que el oro aprecia;
muchedumbre de cautivas,
todas jóvenes y bellas.
Sus caballos, en manadas,
pacen la fragante hierba;
y al lazo, algunos prendidos,
a la pica, o la manea,
de sus indolentes amos
el grito de alarma esperan.
Y no lejos de la turba,
que charla ufana y hambrienta,
atado entre cuatro lanzas,
como víctima en reserva,
noble espíritu valiente
mira vacilar su estrella;
al paso que su infortunio,

5 Maloca: lo mismo que incursión o correría.

sin esperanza, lamenta,
rememorando su hogar,
los infantes y las hembras.
Arden ya en medio del campo
cuatro extendidas hogueras,
cuyas vivas llamaradas
irradiando, colorean
el tenebroso recinto
donde la chusma hormiguea.
En torno al fuego sentados
unos lo atizan y ceban;
otros la jugosa carne
al rescoldo o llama tuestan;
aquél come, éste destriza.
Más allá alguno degüella
con afilado cuchillo
la yegua al lazo sujeta,
y a la boca de la herida,
por donde ronca y resuella,
y a borbollones arroja
la caliente sangre fuera,
en pie, trémula y convulsa,
dos o tres indios se pegan
como sedientos vampiros,
sorben, chupan, saborean
la sangre, haciendo murmullo,
y de sangre se rellenan.
Baja el pescuezo, vacila,
y se desploma la yegua
con aplausos de las indias
que a descuartizarla empiezan.
Arden en medio del campo,
con viva luz las hogueras;

sopla el viento de la pampa
y el humo y las chispas vuelan.
A la charla interrumpida,
cuando el hambre está repleta,
sigue el cordial regocijo,
el beberaje y la gresca,
que apetecen los varones,
y las mujeres detestan.
El licor espirituoso
en grandes bacías echan;
y, tendidos de barriga
en derredor, la cabeza
meten sedientos, y apuran
el apetecido néctar,
que, bien pronto los convierte
en abominables fieras.
Cuando algún indio, medio ebrio,
tenaz metiendo la lengua
sigue en la preciosa fuente,
y beber también no deja
a los que aguijan furiosos,
otro viene, de las piernas
lo agarra, tira y arrastra
y en lugar suyo se espeta.
Así bebe, ríe, canta,
y al regocijo sin rienda
se da la tribu: aquel ebrio
se levanta, bambolea,
a plomo cae, y gruñendo
como animal se revuelca.
Este chilla, algunos lloran,
y otros a beber empiezan.
De la chusma toda al cabo

la embriaguez se enseñorea
y hace andar en remolino
sus delirantes cabezas.
Entonces empieza el bullicio,
y la algazara tremenda,
el infernal alarido
y las voces lastimeras,
mientras sin alivio lloran
las cautivas miserables,
y los ternezuelos niños,
al ver llorar a sus madres.
Las hogueras entretanto
en la oscuridad flamean,
y a los pintados semblantes
y a las largas cabelleras
de aquellos indios beodos,
da su vislumbre siniestra
colorido tan extraño,
traza tan horrible y fea,
que parecen del abismo
précita, inmunda ralea,
entregada al torpe gozo
de la sabática[6] fiesta.
Todos en silencio escuchan;
una voz entona recia
las heroicas alabanzas,
y los cantos de la guerra:

«Guerra, guerra, y exterminio
al tiránico dominio

6 Sabática fiesta: junta nocturna de los espíritus malignos, según tradición comunicada a los pueblos cristianos por los judíos.

del Huinca;[7] engañosa paz:
devore el fuego sus ranchos,
que en su vientre los caranchos[8]
ceben el pico voraz.
Oyó gritos el caudillo,
y en su fogoso tordillo
          salió Brián;
pocos eran y él delante
venía, al bruto arrogante
dio una lanzada Quillán.
Lo cargó al punto la indiada:
con la fulminante espada
          se alzó Brián;
grandes sus ojos brillaron,
y las cabezas rodaron
de Quitur y Callupán.
Echando espuma y herido
como el toro enfurecido
          se encaró;
ceño torvo revolviendo,
y el acero sacudiendo:
nadie acometerlo osó.
Valichu[9] estaba en su brazo;
pero al golpe de un bolazo[10]
          cayó Brián.

7 Huinca: voz con que designan los indios al cristiano u hombre que no es de su raza.

8 Carancho: ave de rapiña.

9 Valichu: nombre que dan al espíritu maligno los indígenas de la pampa. Hemos leído en el Falkner, Valichu: comúnmente se dice Gualichu.

10 Bolas: arma arrojadiza, que se compone de tres correas trenzadas, ligadas por un extremo, y sujetando en el otro otras tantas esferas sólidas de metal o piedra.

Como potro en la llanura:
cebo en su cuerpo y hartura
encontrará el gavilán.

»Las armas cobarde entrega
el que vivir quiere esclavo;
pero el indio guapo, no:
Chañil murió como bravo,
batallando en la refriega,
de una lanzada murió.

»Salió Brián airado
blandiendo la lanza,
con fiera pujanza
Chañil lo embistió;
del pecho clavado
en el hierro agudo,
con brazo forzudo,
Brián lo levantó.
Funeral sangriento
ya tuvo en el llano;
ni un solo cristiano
con vida escapó.
¡Fatal vencimiento!
Lloremos la muerte
del indio más fuerte
que la pampa crió.»

Quiénes su pérdida lloran,
quiénes sus hazañas mentan.
óyense voces confusas,
medio articuladas quejas,
baladros, cuyo son ronco

en la llanura resuena.
De repente todos callan,
y un sordo murmullo reina,
semejante al de la brisa
cuando rebulle en la selva;
pero, gritando, algún indio
en la boca se palmea,
y el disonante alarido
otra vez el campo atruena.
El indeleble recuerdo
de las pasadas ofensas
se aviva en su ánimo entonces,
y atizando su fiereza
al rencor adormecido
y a la venganza subleva:
en su mano los cuchillos,
a la luz de las hogueras,
llevando muerte relucen;
se ultrajan, riñen, vocean,
como animales feroces
se despedazan y bregan.
Y asombradas las cautivas
la carnicería horrenda
miran, y a Dios en silencio
humildes preces elevan.
Sus mujeres entretanto,
cuya vigilancia tierna
en las horas de peligro
siempre cautelosa vela,
acorren luego a calmar
el frenesí que los ciega,
ya con ruegos y palabras
de amor y eficacia llenas;

ya interponiendo su cuerpo
entre las armas sangrientas.
Ellos resisten y luchan,
las desoyen y atropellan,
lanzando injuriosos gritos;
y los cuchillos no sueltan
sino cuando, ya rendida
su natural fortaleza
a la embriaguez y al cansancio,
dobla el cuello y cae por tierra.
Al tumulto y la matanza
sigue el llorar de las hembras
por sus maridos y deudos;
las lastimosas endechas
a la abundancia pasada,
a la presente miseria,
a las víctimas queridas
de aquella noche funesta.
Pronto un profundo silencio
hace a los lamentos tregua,
interrumpido por ayes
de moribundos, o quejas,
risas, gruñir sofocado
de la embriagada torpeza;
al espantoso ronquido
de los que durmiendo sueñan,
los gemidos infantiles
del ñacurutú[11] se mezclan;
chillidos, aúllos tristes
del lobo que anda a la presa
de cadáveres, de troncos,

11 Ñacurutú: especie de lechuza grande, cuyo grito se asemeja al sollozar de un niño.

miembros, sangre y osamentas,
entremezclados con vivos,
cubierto aquel campo queda,
donde poco antes la tribu
llegó alegre y tan soberbia.
La noche en tanto camina
triste, encapotada y negra;
y la desmayada luz
de las festivas hogueras
solo alumbra los estragos
de aquella bárbara fiesta.

Tercera parte. El puñal

Yo iba a morir, es verdad,
entre bárbaros crueles,
y allí el pesar me mataba
de morir, mi bien, sin verte.
A darme la vida tú
saliste, hermosa, y valiente.
Calderón

Yace en el campo tendida,
cual si estuviera sin vida,
ebria la salvaje turba,
y ningún ruido perturba
su sueño o sopor mortal.
Varones y hembras mezclados,
todos duermen sosegados.
Solo, en vano tal vez, velan
los que libertarse anhelan
del cautiverio fatal.

Paran la oreja bufando
los caballos, que vagando
libres despuntan la grama;
y a la moribunda llama
de las hogueras se ve,
se ve sola y taciturna,
símil a sombra nocturna,
moverse una forma humana,
como quien lucha y se afana,
y oprime algo bajo el pie.

Se oye luego triste aúllo,
y horrisonante murmullo,
semejante al del novillo
cuando el filoso cuchillo
lo degüella sin piedad,
y por la herida resuella,
y aliento y vivir por ella,
sangre hirviendo a borbollones,
en horribles convulsiones
lanza con velocidad.

Silencio: ya el paso leve
por entre la hierba mueve,
como quien busca y no atina,
y temeroso camina
de ser visto o tropezar,
una mujer; en la diestra
un puñal sangriento muestra,
sus largos cabellos flotan
desgreñados, y denotan
de su ánimo el batallar.

Ella va. Toda es oídos;
sobre salvajes dormidos
va pasando; escucha, mira,
se para, apenas respira,
y vuelve de nuevo a andar.
Ella marcha, y sus miradas
vagan en torno azoradas,
cual si creyesen ilusas
en las tinieblas confusas
mil espectros divisar.

Ella va, y aun de su sombra,
como el criminal, se asombra;
alza, inclina la cabeza;
pero en un cráneo tropieza
y queda al punto mortal.
Un cuerpo gruñe y resuella,
y se revuelve; mas ella
cobra espíritu y coraje,
y en el pecho del salvaje
clava el agudo puñal.

El indio dormido expira;
y ella veloz se retira
de allí, y anda con más tino
arrostrando del destino
la rigurosa crueldad.
Un instinto poderoso,
un afecto generoso
la impele y guía segura,
como luz de estrella pura,
por aquella oscuridad.

Su corazón de alegría
palpita; lo que quería,
lo que buscaba con ansia
su amorosa vigilancia
encontró gozosa al fin.
Allí, allí está su universo,
de su alma el espejo terso,
su amor, esperanza y vida;
allí contempla embebida
su terrestre serafín.

—Brián —dice—, mi Brián querido,
busca durmiendo el olvido;
quizás ni soñando espera
que yo entre esta gente fiera
le venga a favorecer.
Lleno de heridas, cautivo,
no abate su ánimo altivo
la desgracia, y satisfecho
descansa, como en su lecho,
sin esperar, ni temer.

Sus verdugos, sin embargo,
para hacerle más amargo
de la muerte el pensamiento,
deleitarse en su tormento,
y más su rencor cebar
prolongando su agonía,
la vida suya, que es mía,
guardaron, cuando triunfantes,
hasta los tiernos infantes
osaron despedazar,

arrancándolos del seno
de sus madres —¡día lleno
de execración y amargura,
en que murió mi ventura,
tu memoria me da horror!
Así dijo, y ya no siente,
ni llora, porque la fuente
del sentimiento fecunda,
que el femenil pecho inunda,
consumió el voraz dolor.

Y el amor y la venganza
en su corazón alianza
han hecho, y solo una idea
tiene fija y saborea
su ardiente imaginación.
Absorta el alma, en delirio
lleno de gozo y martirio
queda, hasta que al fin estalla
como volcán, y se explaya
la lava del corazón.

Allí está su amante herido,
mirando al cielo, y ceñido
el cuerpo con duros lazos,
abiertos en cruz los brazos,
ligadas manos y pies.
Cautivo está, pero duerme;
inmoble, sin fuerza, inerme
yace su brazo invencible:
de la pampa el león terrible
presa de los buitres es.

Allí, de la tribu impía,
esperando con el día
horrible muerte, está el hombre
cuya fama, cuyo nombre
era, al bárbaro traidor,
más temible que el zumbido
del hierro o plomo encendido;
más aciago y espantoso
que el Valichu rencoroso
a quien ataca su error.

Allí está; silenciosa ella,
como tímida doncella,
besa su entreabierta boca,
cual si dudara le toca
por ver si respira aún.
Entonces las ataduras,
que sus carnes roen duras,
corta, corta velozmente
con su puñal obediente,
teñido en sangre común.

Brián despierta; su alma fuerte,
conforme ya con su suerte,
no se conturba, ni azora;
poco a poco se incorpora,
mira sereno, y cree ver
un asesino: echan fuego
sus ojos de ira; mas luego
se siente libre, y se calma,
y dice: —¿Eres alguna alma
que pueda y deba querer?

¿Eres espíritu errante,
ángel bueno, o vacilante
parto de mi fantasía?
—Mi vulgar nombre es María,
ángel de tu guarda soy;
y mientras cobra pujanza,
ebria la feroz venganza
de los bárbaros, segura,
en aquesta noche oscura,
velando a tu lado estoy;

nada tema tu congoja.
Y enajenada se arroja
de su querido en los brazos,
le da mil besos y abrazos,
repitiendo: —Brián, mi Brián.
La alma heroica del guerrero
siente el gozo lisonjero
por sus miembros doloridos
correr, y que sus sentidos
libres de ilusión están.

Y en labios de su querida
apura aliento de vida,
y la estrecha cariñoso
y en éxtasis amoroso
ambos respiran así.
Mas, súbito él la separa,
como si en su alma brotara
horrible idea, y la dice:
—María, soy infelice,
ya no eres digna de mí.

Del salvaje la torpeza
habrá ajado la pureza
de tu honor, y mancillado
tu cuerpo santificado
por mi cariño y tu amor;
ya no me es dado quererte.
Ella le responde: —Advierte,
que en este acero está escrito
mi pureza y mi delito,
mi ternura y mi valor.

Mira este puñal sangriento,
y saltará de contento
tu corazón orgulloso;
diómelo amor poderoso,
diómelo para matar
al salvaje que insolente
ultrajar mi honor intente;
para a un tiempo, de mi padre,
de mi hijo tierno y mi madre
la injusta muerte vengar.

Y tu vida, más preciosa
que la luz del Sol hermosa,
sacar de las fieras manos
de estos tigres inhumanos,
o contigo perecer.
Loncoy, el cacique altivo
cuya saña al atractivo
se rindió de estos mis ojos,
y quiso entre sus despojos
de Brián la querida ver,

después de haber mutilado
a su hijo tierno; anegado
en su sangre yace impura;
sueño infernal su alma apura:
diole muerte este puñal.
Levanta, mi Brián, levanta,
sigue, sigue mi ágil planta;
huyamos de esta guarida
donde la turba se anida
más inhumana y fatal.

—¿Pero adónde, adónde iremos?
¿Por fortuna encontraremos
en la pampa algún asilo,
donde nuestro amor tranquilo
logre burlar su furor?
¿Podremos, sin ser sentidos,
escapar, y desvalidos,
caminar a pie, y jadeando,
con el hambre y sed luchando,
el cansancio y el dolor?

—Sí, el anchuroso desierto
más de un abrigo encubierto
ofrece, y la densa niebla,
que el cielo y la tierra puebla,
nuestra fuga ocultará.
Brián, cuando aparezca el día,
palpitantes de alegría,
lejos de aquí ya estaremos,
y el alimento hallaremos
que el cielo al infeliz da.

—Tú podrás, querida amiga,
hacer rostro a la fatiga,
mas yo, llagado y herido,
débil, exangüe, abatido,
¿cómo podré resistir?
Huye tú, mujer sublime,
y del oprobio redime
tu vivir predestinado;
deja a Brián infortunado,
solo, en tormentos morir.

—No, no, tú vendrás conmigo,
o pereceré contigo.
De la amada patria nuestra
escudo fuerte es tu diestra,
¿y qué vale una mujer?
Huyamos, tú de la muerte,
yo de la oprobiosa suerte
de los esclavos; propicio
el cielo este beneficio
nos ha querido ofrecer;

no insensatos lo perdamos.
Huyamos, mi Brián, huyamos;
que en el áspero camino
mi brazo, y poder divino
te servirán de sostén.
—Tu valor me infunde fuerza,
y de la fortuna adversa,
amor, gloria o agonía
participar con María
yo quiero; huyamos, ven, ven.

Dice Brián y se levanta;
el dolor traba su planta,
mas devora el sufrimiento;
y ambos caminan a tiento
por aquella oscuridad.
Tristes van; de cuando en cuando,
la vista al cielo llevando,
que da esperanza al que gime,
¿qué busca su alma sublime?
la muerte o la libertad.

—Y en esta noche sombría
¿quién nos servirá de guía?
—Brián, ¿no ves allá una estrella
que entre dos nubes centella
cual benigno astro de amor?
Pues ésa es por Dios enviada,
como la nube encarnada
que vio Israel prodigiosa;
sigamos la senda hermosa
que nos muestra su fulgor;

ella del triste desierto
nos llevará a feliz puerto.
Ellos van; solas, perdidas,
como dos almas queridas,
que amor en la tierra unió,
y en la misma forma de antes,
andan por la noche errantes,
con la memoria hechicera
del bien que en su primavera
la desdicha les robó.

Ellos van. Vasto, profundo
como el páramo del mundo
misterioso es el que pisan;
mil fantasmas se divisan,
mil formas vanas allí,
que la sangre joven hielan:
mas ellos vivir anhelan.
Brián desmaya caminando,
y al cielo otra vez mirando,
dice a su querida así:

—Mira: ¿no ves? la luz bella
de nuestra polar estrella
de nuevo se ha oscurecido,
y el cielo más renegrido
nos anuncia algo fatal.
—Cuando contrario el destino
nos cierre, Brián, el camino,
antes de volver a manos
de esos indios inhumanos,
nos queda algo: este puñal.

Cuarta parte. La alborada

Già la terra e coperta d'uccisi;
tutta è sangue la vasta pianura...
Manzoni

Ya de muertos la tierra está cubierta
y la vasta llanura toda es sangre

Todo estaba silencioso.
La brisa de la mañana
recién la hierba lozana
acariciaba, y la flor;
y en el oriente nubloso,
la luz apenas rayando,
iba el campo matizando
de claroscuro verdor.

Posaba el ave en su nido;
ni del pájaro se oía
la variada melodía,
música que al alba da;
y solo, al ronco bufido
de algún potro que se azora,
mezclaba su voz sonora
el agorero yajá.

En el campo de la holganza,
so la techumbre del cielo,
libre, ajena de recelo
dormía la tribu infiel;
mas la terrible venganza

de su constante enemigo
alerta estaba, y castigo
le preparaba cruel.

Súbito al trote asomaron
sobre la extendida loma
dos jinetes, como asoma
el astuto cazador;
al pie de ella divisaron
la chusma quieta y dormida,
y volviendo atrás la brida
fueron a dar el clamor

de alarma al campo cristiano.
Pronto en brutos altaneros
un escuadrón de lanceros
trotando allí se acercó,
con acero y lanza en mano;
y en hileras dividido
al indio, no apercibido,
en doble muro encerró.

Entonces, el grito «Cristiano, cristiano»
resuena en el llano,
«Cristiano» repite confuso clamor.
La turba que duerme, despierta turbada,
clamando azorada,
«Cristiano nos cerca, cristiano traidor».

Niños y mujeres, llenos de conflito,
levantan el grito;
sus almas conturba la tribulación;
los unos pasmados, al peligro horrendo,

los otros huyendo,
corren, gritan, llevan miedo y confusión.

Quién salta al caballo que encontró primer,
quién toma el acero,
quién corre su potro querido a buscar;
mas ya la llanura cruzan desbandadas,
yeguas y manadas,
que el cauto enemigo las hizo espantar.

En trance tan duro los carga el cristiano,
blandiendo en su mano
la terrible lanza, que no da cuartel.
Los indios más bravos luchando resisten,
cual fieras embisten;
el brazo sacude la matanza cruel.
El Sol aparece; las armas agudas
relucen desnudas;
horrible la muerte se muestra doquier.
En lomos del bruto, la fuerza y coraje,
crece del salvaje,
sin su apoyo, inerme se deja vencer.

Pie en tierra poniendo la fácil victoria,
que no le da gloria,
prosigue el cristiano lleno de rencor.
Caen luego caciques, soberbios caudillos,
los fieros cuchillos
degüellan, degüellan, sin sentir horror.

Los ayes, los gritos, clamor del que llora,
gemir del que implora,
puesto de rodillas, en vano piedad,

todo se confunde: del plomo el silbido,
del hierro el crujido,
que ciego no acata ni sexo, ni edad.

Horrible, horrible matanza
hizo el cristiano aquel día;
ni hembra, ni varón, ni cría
de aquella tribu quedó.
La inexorable venganza
siguió el paso a la perfidia,
y en no cara y breve lidia
su cerviz al hierro dio.

Viose la hierba teñida
de sangre hedionda y sembrado
de cadáveres el prado
donde resonó el festín.
Y del sueño de la vida
al de la muerte pasaron
los que poco antes holgaron,
sin temer aciago fin.

Las cautivas derramaban
lágrimas de regocijo;
una al esposo, otra al hijo
debió allí la libertad;
pero ellos tristes estaban,
porque ni vivo, ni muerto
halló a Brián en el desierto,
su valor y su lealtad.

Quinta parte. El pajonal[12]

...e lo spirito lasso
conforta, e ciba di speranza buona.
Dante

...y el ánimo cansado
de esperanza feliz, nutre y conforta

Así, huyendo a la ventura,
ambos a pie divagaron
por la lóbrega llanura,
y al salir la luz del día
a corto trecho se hallaron
de un inmenso pajonal.
Brián debilitado, herido,
a la fatiga rendido
la planta apenas movía;
su angustia era sin igual.

Pero un ángel, su querida,
siempre a su lado velaba,
y el espíritu y la vida,
que su alma heroica anidaba,
la infundía, al parecer,
con miradas cariñosas,
voces del alma profundas
que debieran ser eternas;
y aquellas palabras tiernas,

12 Pajonal: paraje anegado, en donde crece la paja enmarañada y alta. Los hay muy extensos, y algunos a la distancia aparecen en la planicie como bosque; son los oasis de la pampa.

o armonías misteriosas,
que solo manan fecundas
del labio de la mujer.

Temerosos del Salvaje
acogiéronse al abrigo
de aquel pajonal amigo,
para de nuevo su viaje
por la noche continuar;
descansar allí un momento,
y refrigerio y sustento
a la flaqueza buscar.

Era el adusto verano:
ardiente el Sol como fragua
en cenagoso pantano
convertido había el agua
allí estancada, y los peces,
los animales inmundos
que aquel bañado habitaban
muertos, el aire infestaban,
o entre las impuras heces
aparecían a veces
boqueando moribundos,
como del cielo implorando
agua y aire: aquí se vía
al voraz cuervo, tragando
lo más asqueroso y vil;
allí la blanca cigüeña,
el pescuezo corvo alzando,
en su largo pico enseña
el tronco de algún reptil;
más allá se ve el carancho,

que jamás presa desdeña,
con pico en forma de gancho
de la espirante alimaña
sajar la fétida entraña:
y en aquel páramo yerto,
donde a buscar como a puerto
refrigerio, van errantes
Brián y María anhelantes,
solo divisan sus ojos
feos, inmundos despojos
de la muerte. ¡Qué destino
como el suyo miserable!
Si en aquel instante vino,
la memoria perdurable
de la pasada ventura,
a turbar su fantasía.
¡Cuán amarga les sería!
¡Cuán triste, yerma y oscura!

Pero con pecho animoso
en el lodo pegajoso
penetraron, ya cayendo,
ya levantando, o subiendo
en pie flaco y dolorido;
y sobre un flotante nido
de yajá (columna bella,
que entre la paja descuella,
como edificio construido
por mano hábil), se sentaron
a descansar o morir.
Súbito allí desmayaron
los espíritus vitales
de Brián a tanto sufrir;

y en los brazos de María,
que inmoble permanecía,
cayó muerto al parecer.
¡Cómo palabras mortales
pintar al vivo podrán
el desaliento y angustias,
o las imágenes mustias
que el alma atravesarán
de aquella infeliz mujer!
Flor hermosa y delicada,
perseguida y conculcada
por cuantos males tiranos
dio en herencia a los humanos
inexorable poder.

Pero a cada golpe injusto
retoñece más robusto
de su noble alma el valor;
y otra vez, con paso fuerte
huella el fango, do la muerte
disputa un resto de vida
a indefensos animales;
y rompiendo enfurecida
los espesos matorrales,
camina a un sordo rumor
que oye próximo, y mirando
el hondo cauce, anchuroso
de un arroyo que copioso
entre la paja corría,
se volvió atrás, exclamando
arrobada de alegría:
—«¡Gracias te doy, Dios supremo!
Brián se salva, nada temo.»

Pronto llega al alto nido
donde yace su querido,
sobre sus hombros le carga,
y con vigor desmedido
lleva, lleva, a paso lento,
al puerto de salvamento
aquella preciosa carga.

Allí en la orilla verdosa
el inmoble cuerpo posa,
y los labios, frente y cara
en el agua fresca y clara
le embebe; su aliento aspira,
por ver si vivo respira,
trémula su pecho toca;
y otra vez sienes y boca
le empapa: en sus ojos vivos,
y en su semblante animado,
los matices fugitivos
de la apasionada guerra
que su corazón encierra,
se muestran. Brián recobrado
se mueve, incorpora, alienta;
y débil mirada lenta
clava en la hermosa María,
diciéndola: —Amada mía
pensé no volver a verte,
y que este sueño sería
como el sueño de la muerte;
pero tú, siempre velando,
mi vivir sustentas, cuando
yo en nada puedo valerte,

sino doblar la amargura
de tu extraña desventura.
—Que vivas tan solo quiero;
porque si mueres, yo muero;
Brián mío alienta, triunfamos;
en salvo y libres estamos;
no te aflijas; bebe, bebe
esta agua, cuyo frescor
el extenuado vigor
volverá a tu cuerpo en breve,
y esperemos con valor
de Dios el fin que imploramos.

Dijo así y en la corriente
recoge agua, y diligente,
de sus miembros con esmero,
se aplica a lavar primero
las dolorosas heridas,
las hondas llagas henchidas
de negra sangre cuajada,
y a sus inflamados pies
el lodo impuro; y después
con su mano delicada
las venda. Brián silencioso
sufre el dolor con firmeza;
pero siente a la flaqueza;
rendido el pecho animoso.

Ella entonces alimento
corre a buscar; y un momento,
sin duda el cielo piadoso,
de aquellos finos amantes,
infortunados y errantes,
quiso aliviar el tormento.

Sexta parte. La espera

¡Qué largas son las horas del deseo!
Moreto

Triste, oscura, encapotada
llegó la noche esperada,
la noche que ser debiera
su grata y fiel compañera;
y en el vasto pajonal
permanecen inactivos
los amantes fugitivos.
Su astro, al parecer, declina,
como la luz vespertina
entre sombra funeral.

Brián, por el dolor vencido
al margen yace tendido
del arroyo; probó en vano
el paso firme y lozano
de su querida seguir;
sus plantas desfallecieron,
y sus heridas vertieron
sangre otra vez. Sintió entonces
como una mano de bronce
por sus miembros discurrir.

María espera a su lado,
con corazón agitado,
que amanecerá otra aurora
más bella y consoladora;
el amor le inspira fe
en destino más propicio,

y le oculta el precipicio
cuya idea solo pasma:
el descarnado fantasma
de la realidad no ve.

Pasión vivaz la domina,
ciega pasión la fascina;
mostrando a su alma el trofeo
de su impetuoso deseo
le dice: tú triunfarás.
Ella infunde a su flaqueza
constancia allí y fortaleza;
Ella su hambre, su fatiga
y sus angustias mitiga
para devorarla más.

Sin el amor que en sí entraña,
¿qué sería? Frágil caña,
que el más leve impulso quiebra;
ser delicado, fina hebra,
sensible y flaca mujer.
Con él es ente divino
que pone a raya el destino,
ángel poderoso y tierno
a quien no haría el infierno
vacilar ni estremecer.

De su querido no advierte
el mortal abatimiento,
ni cree se atreva la muerte
a sofocar el aliento
que hace vivir a los dos;
porque de su llama intensa

es la vida tan inmensa,
que a la muerte vencería,
y en sí eficacia tendría
para animar como Dios.

El amor es fe inspirada;
es religión arraigada
en lo íntimo de la vida.
Fuente inagotable, henchida
de esperanza, su anhelar
no halla obstáculo invencible
hasta conseguir victoria;
si se estrella en lo imposible
gozoso vuela a la gloria
su heroica palma a buscar.

María no desespera,
porque su ahínco procura
para lo que ama, ventura,
y al infortunio supera
su imperiosa voluntad.
Mañana —el grito constante
de su corazón amante
le dice—, mañana el cielo
hará cesar tu desvelo;
la nueva luz esperad.

La noche cubierta, en tanto
camina en densa tiniebla,
y en el abismo de espanto,
que aquellos páramos puebla,
ambos perdidos se ven.
Parda, rojiza, radiosa,

una faja luminosa
forma horizonte no lejos;
sus amarillos reflejos
en lo oscuro hacen vaivén.

La llanura arder parece,
y que con el viento crece,
se encrespa, aviva y derrama
el resplandor y la llama
en el mar de lobreguez.
Aquel fuego colorado,
en tinieblas engolfado,
cuyo resplandor vaga horrendo,
era trasunto estupendo
de la infernal terriblez.

Brián, recostado en la hierba,
como ajeno de sentido,
nada ve: ella un ruido
oye; pero solo observa
la negra desolación,
o las sombrías visiones
que engendran las turbaciones
de su espíritu. ¡Cuán larga
aquella noche y amarga
sería a su corazón!

Miró a su amante. Espantoso,
un bramido cavernoso
la hizo temblar, resonando:
era el tigre, que buscando
pasto a su saña feroz
en los densos matorrales,

nuevos presagios fatales
al infortunio traía.
En silencio, echó María
mano a su puñal, veloz.

Séptima parte. La quemazón

Voyez... Déjà la flamme en torrent se déploie
Lamartine

Mirad: ya en torrente se extiende la llama

El aire estaba inflamado,
turbia la región suprema,
envuelto el campo en vapor;
rojo el Sol, y coronado
de parda oscura diadema,
amarillo resplandor
en la atmósfera esparcía;
el bruto, el pájaro huía,
y agua la tierra pedía
sedienta y llena de ardor.

Soplando a veces el viento
limpiaba los horizontes,
y de la tierra brotar
de humo rojo y ceniciento
se veían como montes;
y en la llanura ondear,
formando espiras doradas,
como lenguas inflamadas,
o melenas encrespadas
de ardiente, agitado mar.

Cruzándose nubes densas
por la esfera dilataban,
como cuando hay tempestad,

sus negras alas inmensas;
y más y más aumentaban
el pavor y oscuridad.
El cielo entenebrecido,
el aire, el humo encendido,
eran, con el sordo ruido,
signo de calamidad.

El pueblo de lejos
contempla asombrado
los turbios reflejos;
del día enlutado
la ceñuda faz.
El humilde llora,
el piadoso implora;
se turba y azora
la malicia audaz.

Quién cree ser indicio
fatal, estupendo
del día del juicio,
del día tremendo
que anunciado está.
Quién piensa que al mundo,
sumido en lo inmundo,
el cielo iracundo
pone a prueba ya.

Era la plaga que cría
la devorante sequía
para estrago y confusión:
de la chispa de una hoguera,
que llevó el viento ligera,

nació grande, cundió fiera
la terrible quemazón.

Ardiendo, sus ojos
relucen, chispean;
en rubios manojos
sus crines ondean,
flameando también:
la tierra gimiendo,
los brutos rugiendo,
los hombres huyendo,
confusos la ven.

Sutil se difunde,
camina, se mueve,
penetra, se infunde:
cuanto toca, en breve
reduce a tizón.
Ella era; y pastales,
densos pajonales,
cardos y animales,
ceniza, humo son.

Raudal vomitando
venía de llama,
que hirviendo, silbando,
se enrosca y derrama
con velocidad.
Sentada María
con su Brián la vía:
—¡Dios mío! —decía—,
de nos ten piedad.

Piedad María imploraba,
y piedad necesitaba
de potencia celestial.
Brián caminar no podía,
y la quemazón cundía
por el vasto pajonal.

Allí pábulo encontrando,
como culebra serpeando,
velozmente caminó;
y agitando, desbocada,
su crin de fuego erizada,
gigante cuerpo tomó.

Lodo, paja, restos viles
de animales y reptiles
quema el fuego vencedor,
que el viento iracundo atiza;
vuelan el humo y ceniza,
y el inflamado vapor,

al lugar donde, pasmados,
los cautivos desdichados,
con despavoridos ojos,
están, su hervidero oyendo,
y las llamaradas viendo
subir en penachos rojos.

No hay cómo huir, no hay efugio,
esperanza ni refugio;
¿dónde auxilio encontrarán?
Postrado Brián yace inmoble
como el orgulloso roble

que derribó el huracán.

Para ellos no existe el mundo.
Detrás, arroyo profundo,
ancho se extiende, y delante,
formidable y horroroso,
alza la cresta furioso
mar de fuego devorante.

—Huye presto —Brián decía
con voz débil a María—,
déjame solo morir;
este lugar es un horno:
huye, ¿no miras en torno
vapor cárdeno subir?

Ella calla, o le responde:
—Dios largo tiempo no esconde
su divina protección.
¿Crees tú nos haya olvidado?
Salvar tu vida ha jurado
o morir mi corazón.

Pero del cielo era juicio
que en tan horrendo suplicio
no debían perecer;
y que otra vez de la muerte
inexorable, amor fuerte
triunfase, amor de mujer.

Súbito ella se incorpora;
de la pasión que atesora
el espíritu inmortal

brota, en su faz la belleza
estampando fortaleza
de criatura celestial,

no sujeta a ley humana;
y como cosa liviana
carga el cuerpo amortecido
de su amante, y con él junto,
sin cejar, se arroja al punto
en el arroyo extendido.

Cruje el agua, y suavemente
surca la mansa corriente
con el tesoro de amor;
semejante a ondina bella,
su cuerpo airoso descuella,
y hace, nadando, rumor.

Los cabellos atezados,
sobre sus hombros nevados,
sueltos, reluciendo van;
boga con un brazo lenta,
y con el otro sustenta,
a flor, el cuerpo de Brián.

Aran las corrientes unidos
como dos cisnes queridos
que huyen de águila cruel,
cuya garra, siempre lista,
desde la nube se alista
a separar su amor fiel.

La suerte injusta se afana

en perseguirlos. Ufana
en la orilla opuesta el pie
pone María triunfante,
y otra vez libre a su amante
de horrenda agonía ve.

¡Oh del amor maravilla!
En sus bellos ojos brota
del corazón, gota a gota,
el tesoro sin mancilla,
celeste, inefable unción;
sale en lágrimas deshecho
su heroico amor satisfecho;
y su formidable cresta
sacude, enrosca y enhiesta
la terrible quemazón.

Calmó después el violento
soplar del airado viento:
el fuego a paso más lento
surcó por el pajonal,
sin topar ningún escollo;
y a la orilla de un arroyo
a morir al cabo vino,
dejando, en su ancho camino,
negra y profunda señal.

Octava parte. Brián

Les guerriers et les coursiers eux mêmes
sont là pour attester les victoires de mon
bras.
Je dois ma renommée à mon glaive...
Antar[13]

Los guerreros y aun los bridones de la batalla
existen para atestiguar las victorias de mi
brazo.
Debo mi renombre a mi espada

Pasó aquél, llegó otro día,
triste, ardiente, y todavía
desamparados como antes,
a los míseros amantes
encontró en el pajonal.
Brián, sobre pajizo lecho
inmoble está, y en su pecho
arde fuego inextinguible;
brota en su rostro, visible
abatimiento mortal.

Abrumados y rendidos,
sus ojos, como adormidos,
la luz esquivan, o absortos,
en los pálidos abortos
de la conciencia (legión

13 Antar: célebre poeta árabe, de quien M. de Lamartine cita algunos fragmentos en su viaje a Oriente: de ellos se ha tomado el tema que encabeza este canto.

que atribula al moribundo),
verán formas de otro mundo;
imágenes fugitivas,
o las claridades vivas
de fantástica región.

Triste a su lado María
revuelve en la fantasía
mil contrarios pensamientos,
y horribles presentimientos
la vienen allí a asaltar;
espectros que engendra el alma,
cuando el ciego desvarío
de las pasiones se calma,
y perdida en el vacío
se recoge a meditar.

Allí, frágil navecilla
en mar sin fondo ni orilla,
do nunca ríe bonanza,
se encuentra sin esperanza
de poder al fin surgir.
Allí ve su afán perdido
por salvar a su querido;
y cuán lejano y nubloso
el horizonte radioso
está de su porvenir.

¡Cuán largo e incierto camino
la desdicha le previno!
¡Cuán triste peregrinaje!
Allí ve de aquel paraje
la yerta inmovilidad.

Allí ya del desaliento
sufre el pausado tormento,
y abrumada de tristeza,
al cabo a sentir empieza
su abandono y soledad.

Echa la vista delante,
y al aspecto de su amante
desfallece su heroísmo;
la vuelve, y hórrido abismo
mira atónita detrás.
Allí apura la agonía
del que vio cuando dormía
paraíso de dicha eterno,
y al despertar, un infierno
que no imaginó jamás.

En el empíreo nublado
flamea el Sol colorado,
y en la llanura domina
la vaporosa calina,
el bochorno abrasador.
Brián sigue inmoble; y María,
en formar se entretenía
de junco un denso tejido,
que guardase a su querido
de la intemperie y calor.

Cuando oyó, como el aliento
que al levantarse o moverse
hace animal corpulento,
crujir la paja y romperse
de un cercano matorral.

Miró, ¡oh terror!, y acercarse
vio con movimiento tardo,
y hacia ella encaminarse,
lamiéndose, un tigre pardo
tinto en sangre; ¡atroz señal!

Cobrando ánimo al instante
se alzó María arrogante,
en mano el puñal desnudo,
vivo el mirar, y un escudo
formó de su cuerpo a Brián.
Llegó la fiera inclemente;
clavó en ella vista ardiente,
y a compasión ya movida,
o fascinada y herida
por sus ojos y ademán,

recta prosiguió el camino,
y al arroyo cristalino
se echó a nadar. ¡Oh amor tierno!
de lo más frágil y eterno
se compaginó tu ser.
Siendo solo afecto humano,
chispa fugaz, tu grandeza,
por impenetrable arcano,
es celestial. ¡Oh belleza!
no se anida tu poder,

en tus lágrimas ni enojos;
sí, en los sinceros arrojos
de tu corazón amante.
María en aquel instante
se sobrepuso al terror,

pero cayó sin sentido
a conmoción tan violenta.
Bella como ángel dormido
la infeliz estaba, exenta
de tanto afán y dolor.

Entonces, ¡ah!, parecía
que marchitado no había
la aridez de la congoja,
que a lo más bello despoja,
su frescura juvenil.
¡Venturosa si más largo
hubiera sido su sueño!
Brián despierta del letargo:
brilla matiz más risueño
en su rostro varonil.

Se sienta; extático mira,
como el que en vela delira;
lleva la mano a su frente
sudorífera y ardiente,
¿qué cosas su alma verá?
La luz, noche le parece,
tierra y cielo se oscurece,
y rueda en un torbellino
de nubes. —Este camino
lleno de espinas está:

y la llanura, María,
¿no ves cuán triste y sombría?
¿Dónde vamos? A la muerte.
Triunfó la enemiga suerte
—dice delirando Brián—.

¡Cuán caro mi amor te cuesta!
Y mi confianza funesta,
¡cuánta fatiga y ultrajes!
Pero pronto los salvajes
su deslealtad pagarán.

Cobra María el sentido
al oír de su querido
la voz, y en gozo nadando
se incorpora, en él clavando
su cariñosa mirada.
—Pensé dormías —la dice—,
y despertarte no quise;
fuera mejor que durmieras
y del bárbaro no oyeras
la estrepitosa llegada.

—¿Sabes? Sus manos lavaron,
con infernal regocijo,
en la sangre de mi hijo;
mis valientes degollaron.
Como el huracán pasó,
desolación vomitando,
su vigilante perfidia.
Obra es del inicuo bando,
¡qué dirá la torpe envidia!
Ya mi gloria se eclipsó,

de paz con ellos estaba,
y en la villa descansaba.
Oye; no te fíes, vela;
lanza, caballo y espuela
siempre lista has de tener.

Mira dónde me han traído,
atado estoy y ceñido;
no me es dado levantarme,
ni valerte, ni vengarme,
ni batallar, ni vencer.

Venga, venga mi caballo,
mi caballo por la vida;
venga mi lanza fornida,
que yo basto a ese tropel.
Rodeado de picas me hallo.
Paso, canalla traidora,
que mi lanza vengadora
castigo os dará cruel.

¿No miráis la polvareda
que del llano se levanta?
¿No sentís lejos la planta
de los brutos retumbar?
La tribu es, huyendo leda,
como carnicero lobo,
con los despojos del robo,
no de intrépido lidiar.

Mirad ardiendo la villa
y degollados, dormidos,
nuestros hermanos queridos
por la mano del infiel.
¡Oh mengua! ¡Oh rabia! ¡Oh mancilla!
Venga mi lanza ligero,
mi caballo parejero,
daré alcance a ese tropel.

Se alzó Brián enajenado,
y su bigote erizado
se mueve; chispean, rojos
como centellas, sus ojos,
que hace el entusiasmo arder;
el rostro y talante fiero,
do resalta con viveza
el valor y la nobleza,
la majestad del guerrero
acostumbrado a vencer.

Pero al punto desfallece.
Ella, atónita, enmudece,
ni halla voz su sentimiento;
en tan solemne momento
flaquea su corazón.
El Sol pálido declina:
en la cercana colina
triscan las gamas y ciervos,
y de caranchos y cuervos
grazna la impura legión,

de cadáveres avara,
cual si muerte presagiara.
Así la caterva estulta,
vil al heroísmo insulta,
que triunfante veneró.
María tiembla. Él, alzando
la vista al cielo y tomando
con sus manos casi heladas
las de su amiga, adoradas,
a su pecho las llevó.

Y con voz débil le dice:
—Oye, de Dios es arcano,
que más tarde o más temprano
todos debemos morir.
Insensato el que maldice
la ley que a todos iguala;
hoy el término señala
a mi robusto vivir.

Resígnate; bien venida
siempre, mi amor, fue la muerte,
para el bravo, para el fuerte,
que a la patria y al honor
joven consagró su vida;
¿qué es ella?, una chispa, nada,
con ese Sol comparada,
raudal vivo de esplendor.

La mía brilló un momento,
pero a la patria sirviera;
también mi sangre corriera
por su gloria y libertad.
Lo que me da sentimiento
es que de ti me separo,
dejándote sin amparo
aquí en esta soledad.

Otro premio merecía
tu amor y espíritu brioso,
y galardón más precioso
te destinaba mi fe.
Pero ¡ay Dios!, la suerte mía
de otro modo se eslabona;

hoy me arranca la corona
que insensato ambicioné.

¡Si al menos la azul bandera
sombra a mi cabeza diese!
¡O antes por la patria fuese
aclamado vencedor!
¡Oh destino! Quién pudiera
morir en la lid, oyendo
el alarido y estruendo,
la trompeta y atambor.

Tal gloria no he conseguido,
mis enemigos triunfaron;
pero mi orgullo no ajaron
los favores del poder.
¡Qué importa! Mi brazo ha sido
terror del salvaje fiero:
los Andes vieron mi acero
con honor resplandecer.

¡Oh estrépito de las armas!
¡Oh embriaguez de la victoria!
¡Oh campos, soñada gloria!
¡Oh lances del combatir!
Inesperadas alarmas,
patria, honor, objetos caros,
ya no volveré a gozaros;
joven yo debo morir.

Hoy es el aniversario
de mi primera batalla,
y en torno a mí todo calla...

Guarda en tu pecho mi amor,
nadie llegue a su santuario...
Aves de presa parecen,
ya mis ojos se oscurecen;
pero allí baja un cóndor;

y huye el enjambre insolente,
adiós, en vano te aflijo...
Vive, vive para tu hijo,
Dios te impone ese deber.
Sigue, sigue al occidente
tu trabajosa jornada:
Adiós, en otra morada
nos volveremos a ver.

Calló Brián, y en su querida
clavó mirada tan bella,
tan profunda y dolorida,
que toda el alma por ella
al parecer exhaló.
El crepúsculo esparcía
en el desierto luz mustia.
Del corazón de María,
el desaliento y la angustia,
solo el cielo penetró.

Novena parte. María

Fallece esperanza y crece tormento.
Anónimo

Morte bella parea nel suo bel viso.
Petrarca

La muerte parecía bella en su bello rostro.

¿Qué hará María? En la tierra
ya no se arraiga su vida.
¿Dónde irá? Su pecho encierra
tan honda y vivaz herida,
tanta congoja y pasión,
que para ella es infecundo
todo consuelo del mundo,
burla horrible su contento,
su compasión un tormento,
su sonrisa una irrisión.

¿Qué le importan sus placeres,
su bullicio y vana gloria,
si ella, entre todos los seres,
como desechada escoria,
lejos, olvidada está?
¿En qué corazón humano,
en qué límite del orbe,
el tesoro soberano,
que sus potencias absorbe,
ya perdido encontrará?

Nace del Sol la luz pura,
y una fresca sepultura
encuentra; lecho postrero,
que al cadáver del guerrero
preparó el más fino amor.
Sobre ella hincada, María,
muda como estatua fría,
inclinada la cabeza,
semejaba a la tristeza
embebida en su dolor.

Sus cabellos renegridos
caen por los hombros tendidos,
y sombrean de su frente,
su cuello y rostro inocente,
la nevada palidez.
No suspira allí, ni llora;
pero como ángel que implora,
para miserias del suelo
una mirada del cielo,
hace esta sencilla prez:

—Ya en la tierra no existe
el poderoso brazo
donde hallaba regazo
mi enamorada sien:
Tú ¡oh Dios! no permitiste
que mi amor lo salvase,
quisiste que volase
donde florece el bien.

Abre, Señor, a su alma
tu seno regalado,

del bienaventurado,
reciba el galardón:
Encuentre allí la calma,
encuentre allí la dicha,
que busca en su desdicha,
mi viudo corazón.

Dice. Un punto su sentido
queda como sumergido.
Echa la postrer mirada
sobre la tumba callada
donde toda su alma está.
Mirada llena de vida,
pero lánguida, abatida,
como la última vislumbre
de la agonizante lumbre,
falta de alimento ya.

Y alza luego la rodilla;
y tomando por la orilla
del arroyo hacia el ocaso,
con indiferente paso
se encamina al parecer.
Pronto sale de aquel monte
de paja, y mira adelante
ilimitado horizonte,
llanura y cielo brillante,
desierto y campo doquier.

¡Oh, noche! ¡Oh, fúlgida estrella!
Luna solitaria y bella:
¡Sed benignas! El indicio
de vuestro influjo propicio

siquiera una vez mostrad.
Bochornos, cálidos vientos,
inconstantes elementos,
preñados de temporales,
apiadaos; fieras fatales
su desdicha respetad.

Y Tú, ¡oh Dios! en cuyas manos
de los míseros humanos
está el oculto destino,
siquiera un rayo divino
haz a su esperanza ver.
Vacilar, de alma sencilla,
que resignada se humilla,
no hagas la fe acrisolada;
susténtala en su jornada,
no la dejes perecer.

Adiós, pajonal funesto
Adiós, pajonal amigo.
Se va ella sola, ¡Cuán presto
de su júbilo, testigo,
y su luto fuiste vos!
El Sol y la llama impía
marchitaron tu ufanía;
pero hoy tumba de un soldado
eres, y asilo sagrado:
Pajonal glorioso, adiós.

Gózate; ya no se anidan
en ti las aves parleras,
ni tu agua y sombra convidan
solo a los brutos y fieras:

soberbio debes estar.
El valor y la hermosura,
ligados por la ternura,
en ti hallaron refrigerio;
de su infortunio el misterio
tú solo puedes contar.

Gózate; votos, ni ardores
de felices amadores
tu esquividad no turbaron;
sino voces que confiaron
a tu silencio su mal.
En la noche tenebrosa,
con los ásperos graznidos
de la legión ominosa,
oirás ayes y gemidos:
Adiós, triste pajonal.

De ti María se aleja,
y en tus soledades deja
toda su alma; agradecido,
el depósito querido
guarda y conserva; quizá
mano generosa y pía
venga a pedírtelo un día;
quizá la viva palabra
un monumento le labra
que el tiempo respetará.

Día y noche ella camina;
y la estrella matutina,
caminando solitaria,
sin articular plegaria,

sin descansar ni dormir
la ve. En su planta desnuda
brota la sangre y chorrea;
pero toda ella, sin duda,
va absorta en la única idea
que alimenta su vivir.

En ella encuentra sustento.
Su garganta es viva fragua,
un volcán su pensamiento;
pero mar de hielo y agua
refrigerio inútil es
para el incendio que abriga;
insensible a la fatiga,
a cuanto ve indiferente,
como mísera demente
mueve sus heridos pies,

por el desierto. Adormida
está su orgánica vida;
pero la vida de su alma
fomenta en sí aquella calma
que sigue a la tempestad,
cuando el ánimo cansado
del afán violento y duro,
al parecer resignado,
se abisma en el fondo oscuro
de su propia soledad.

Tremebundo precipicio,
fiebre lenta y devorante,
último efugio, suplicio
del infierno, semejante

a la postrer convulsión
de la víctima en tormento:
trance que si dura un día
anonada el pensamiento,
encanece, o deja fría
la sangre en el corazón.

Dos soles pasan. ¿Adónde
tu poder ¡oh Dios! se esconde?
¿Está por ventura exhausto?
¿Más dolor en holocausto
pide a una flaca mujer?
No; de la quieta llanura
ya se remonta a la altura
gritando el yajá. Camina,
oye la voz peregrina
que te viene a socorrer.

¡Oh, ave de la pampa hermosa,
cómo te meces ufana!
Reina, sí, reina orgullosa
eres, pero no tirana
como el águila fatal;
tuyo es también del espacio
el transparente palacio:
si ella en las rocas se anida,
tú en la esquivez escondida
de algún vasto pajonal.

De la víctima el gemido,
el huracán y el tronido
ella busca, y deleite halla
en los campos de batalla;

pero tú la tempestad,
día y noche vigilante,
anuncias al gaucho errante;
tu grito es de buen presagio
al que asechanza o naufragio
teme de la adversidad.

Oye sonar en la esfera
la voz del ave agorera,
oye María infelice;
alerta, alerta, te dice;
aquí está tu salvación.
¿No la ves cómo en el aire
balancea con donaire
su cuerpo albo-ceniciento?
¿No escuchas su ronco acento?
Corre a calmar tu aflicción.

Pero nada ella divisa,
ni el feliz reclamo escucha;
y caminando va a prisa:
el demonio con que lucha
la turba, impele y amaga.
Turbios, confusos y rojos
se presentan a sus ojos
cielo, espacio, Sol, verdura,
quieta, insondable llanura
donde sin brújula vaga.

Mas, ¡ah! que en vivos corceles
un grupo de hombres armados
se acerca; ¿serán infieles,
enemigos? No, soldados

son del desdichado Brián.
Llegan, su vista se pasma;
ya no es la mujer hermosa,
sino pálido fantasma;
mas reconocen la esposa
de su fuerte capitán.

Creíanla cautiva o muerta;
grande fue su regocijo.
Ella los mira y despierta:
—¿No sabéis qué es de mi hijo?
—con toda el alma exclamó—.
Tristes mirando a María
todos el labio sellaron;
mas luego una voz impía:
—Los indios lo degollaron
—roncamente articuló.

Y al oír tan crudo acento,
como quiebra el seco tallo
el menor soplo de viento
o como herida del rayo,
cayó la infeliz allí;
viéronla caer, turbados,
los animosos soldados;
una lágrima le dieron,
y funerales la hicieron
dignos de contarse aquí.

Aquella trama formada
de la hebra más delicada,
cuyo espíritu robusto
lo más acerbo e injusto

de la adversidad probó,
un soplo débil deshizo:
Dios para amar, sin duda, hizo
un corazón tan sensible;
palpitar le fue imposible
cuando a quien amar no halló.

Murió María. ¡Oh voz fiera!
¡Cuál entraña te abortara!
Mover al tigre pudiera
su vista sola; y no hallara
en ti alguna compasión,
tanta miseria y conflito,
ni aquel su materno grito;
y como flecha saliste,
y en lo más profundo heriste
su anhelante corazón.

Embates y oscilaciones
de un mar de tribulaciones
ella arrostró; y la agonía
saboreó su fantasía,
y el punzante frenesí
de la esperanza insaciable,
que en pos de un deseo vuela,
no alcanza el blanco inefable,
se irrita en vano y desvela;
vuelve a devorarse a sí.

Una a una, todas bellas,
sus ilusiones volaron,
y sus deseos con ellas;
sola y triste la dejaron

sufrir hasta enloquecer.
Quedaba a su desventura
un amor, una esperanza,
un astro en la noche oscura,
un destello de bonanza,
un corazón que querer,

una voz cuya armonía
adormecerla podría;
a su llorar un testigo,
a su miseria un abrigo,
a sus ojos qué mirar.
Quedaba a su amor desnudo
un hijo, un vástago tierno;
encontrarlo aquí no pudo,
y su alma al regazo eterno
lo fue volando a buscar.

Murió; por siempre cerrados
están sus ojos cansados
de errar por llanura y cielo,
de sufrir tanto desvelo,
de afanar sin conseguir.
El atractivo está yerto
de su mirar; ya el desierto,
su último asilo, los rastros
de tan hechiceros astros
no verá otra vez lucir.

Pero de ella aun hay vestigio.
¿No veis el raro prodigio?
Sobre su cándida frente
aparece nuevamente

un prestigio encantador.
Su boca y tersa mejilla
rosada, entre nieve brilla,
y revive en su semblante
la frescura rozagante
que marchitara el dolor.

La muerte bella la quiso,
y estampó en su rostro hermoso
aquel inefable hechizo,
inalterable reposo,
y sonrisa angelical,
que destellan las facciones
de una virgen en su lecho;
cuando las tristes pasiones
no han ajado de su pecho
la pura flor virginal.

Entonces el que la viera,
dormida, ¡oh Dios! la creyera;
deleitándose en el sueño
con memorias de su dueño,
llenas de felicidad:
soñando en la alba lucida
del banquete de la vida
que sonríe a su amor puro;
más ¡ay! que en el seno oscuro
duerme de la eternidad.

Epílogo

Douce lumière, es-tu leur âme?
Lamartine

¿Eres, plácida luz, el alma de ellos?

¡Oh María! Tu heroísmo,
tu varonil fortaleza,
tu juventud y belleza
merecieran fin mejor.
Ciegos de amor, el abismo
fatal tus ojos no vieron,
y sin vacilar se hundieron
en él ardiendo en amor.

De la más cruda agonía
salvar quisiste a tu amante,
y lo viste delirante
en el desierto morir.
¡Cuál tu congoja sería!
¡Cuál tu dolor y amargura!
Y no hubo humana criatura
que te ayudase a sentir.

Se malogró tu esperanza;
y cuando sola te viste
también mísera caíste,
como árbol cuya raíz
en la tierra ya no afianza
su pompa y florido ornato:
nada supo el mundo ingrato

de tu constancia infeliz.

Naciste humilde, y oculta
como diamante en la mina,
la belleza peregrina
de tu noble alma quedó.
El desierto la sepulta,
tumba sublime y grandiosa,
do el héroe también reposa
que la gozó y admiró.

El destino de tu vida
fue amar, amor tu delirio,
amor causó tu martirio,
te dio sobrehumano ser;
y amor, en edad florida,
sofocó la pasión tierna,
que omnipotencia de eterna,
trajo consigo al nacer.

Pero, no triunfa el olvido,
de amor, ¡oh bella María!
que la virgen poesía
corona te forma ya
de ciprés entretejido
con flores que nunca mueren;
y que admiren y veneren
tu nombre y su nombre hará.

Hoy, en la vasta llanura,
inhospitable morada,
que no siempre sosegada
mira el astro de la luz;

descollando en una altura,
entre agreste flor y hierba,
hoy el caminante observa
una solitaria cruz.

Fórmale grata techumbre
la copa extensa y tupida
de un ombú,[14] donde se anida
la altiva águila real;
y la varia muchedumbre
de aves que cría el desierto,
se pone en ella a cubierto
del frío y Sol estival.

Nadie sabe cuya mano
plantó aquel árbol benigno,
ni quién a su sombra, el signo
puso de la redención.
Cuando el cautivo cristiano
se acerca a aquellos lugares,
recordando sus hogares,
se postra a hacer oración.

Fama es que la tribu errante,
si hasta allí llega embebida
en la caza apetecida
de la gama y avestruz,
al ver del ombú gigante
la verdosa cabellera,

14 Ombú: árbol corpulento, de espeso y vivo follaje, que descuella solitario en nuestra llanura como la palmera en los arenales de Arabia. Ni leña para el hogar, ni fruto brinda al hombre; pero sí fresca y regalada sombra en los ardores del estío.

suelta al potro la carrera
gritando: —Allí está la cruz.

Y revuelve atrás la vista
como quien huye aterrado,
creyendo se alza el airado,
terrible espectro de Brián.
Pálido, el indio exorcista
el fatídico árbol nombra;
ni a hollar se atreven su sombra
los que de camino van.

También el vulgo asombrado
cuenta que en la noche oscura
suelen en aquella altura
dos luces aparecer;
que salen, y habiendo errado
por el desierto tranquilo,
juntas a su triste asilo
vuelven al amanecer.

Quizá mudos habitantes
serán del páramo aerio,
quizá espíritus, ¡misterio!,
visiones del alma son.
Quizá los sueños brillantes
de la inquieta fantasía,
forman coro en la armonía
de la invisible creación.

Notas del autor

Se ha creído necesaria la explicación de algunas voces provinciales, por si llega este libro a manos de algún extranjero poco familiarizado con nuestras cosas. Se omite la de otras, cuya inteligencia es obvia, que el autor ha usado intencionalmente para colorir con más propiedad sus cuadros, como caballo parejero por «caballo de carrera»; beberaje, por «borrachera»; bañado, por «campo anegado»; parar la oreja el caballo por «moverla erguida» en señal de sobresalto, etc., etc.

Apéndice: Prólogo del autor a las Rimas

Advertencia

El principal designio del autor de La cautiva ha sido pintar algunos rasgos de la fisonomía poética del desierto; y para no reducir su obra a una mera descripción, ha colocado, en las vastas soledades de la Pampa, dos seres ideales, o dos almas unidas por el doble vínculo del amor y el infortunio. El suceso que poetiza, si no cierto, al menos entra en lo posible; y como no es del poeta contar menuda y circunstancialmente a guisa de cronista y novelador, ha escogido solo, para formar su cuadro, aquellos lances que pudieran suministrar más colores locales al pincel de la poesía; o más bien, ha esparcido en torno de las dos figuras que lo componen, algunos de los más peculiares ornatos de la naturaleza que las rodea. El desierto es nuestro, es nuestro más pingüe patrimonio, y debemos poner conato en sacar de su seno, no solo riqueza para nuestro engrandecimiento y bienestar sino también poesía para nuestro deleite moral y fomento de nuestra literatura nacional.

Nada le compete anticipar sobre el fondo de su obra; pero hará notar que por una parte predomina en La cautiva la energía de la pasión manifestándose por actos; y por otra el interno afán de su propia actividad, que poco a poco consume, y al cabo aniquila de un golpe, como el rayo, su débil existencia.

La marcha y término de todas las pasiones intensas, se realicen o no, es idéntica. Si satisfechas, la eficacia de la fruición las gasta, como el rozo los muelles de una máquina: si burladas se evaporan en votos impotentes o matan; porque el estado verdaderamente apasionado es estado febril y anormal en el cual no puede nuestra frágil naturaleza permanecer mucho tiempo, y que debe necesariamente hacer crisis.

De intento usa a menudo de locuciones vulgares y nombra las cosas por su nombre, porque piensa que la poesía consiste principalmente en las ideas, y porque no siempre, como aquellas, no logran los circunloquios poner de bulto el objeto ante los ojos. Si esto choca a algunos acostumbrados a la altisonancia de voces y al pomposo follaje de la poesía para solo los sentidos, suya será la culpa, puesto que buscan, no lo que cabe en las miras del autor, sino lo que más con su gusto se aviene. Por desgracia esa poesía ficticia, hecha toda de hojarasca brillante, que se fatiga por huir del cuerpo al sentido recto, y anda siempre como a caza de rodeos y voces campanudas para decir nimiedades, tiene muchos partidarios; y ella sin duda ha dado margen a que vulgarmente se crea que la poesía exagera y miente. La poesía ni miente ni exagera. Solo los oradores gerundios y los poetas sin alma toman el oropel y el rimbombó de las palabras por elocuencia y poesía. El poeta, es cierto, no copia sino a veces la realidad tal cual aparece comúnmente a nuestra vista; porque ella se muestra llena de imperfecciones y máculas, y aquesto sería obrar contra el principio fundamental del arte que es representar lo Bello: empero él toma lo natural, lo real, como el alfarero la arcilla, como el escultor el mármol, como el pintor los colores; y con los instrumentos de su arte, lo embellece y artiza conforme a la traza de su ingenio; a imagen y semejanza de las arquétipas concepciones de su inteligencia. La naturaleza y el hombre le ofrecen colores primitivos y que él mezcla y combina en su paleta; figuras bosquejadas, que él coloca en relieve, retoca y caracteriza; arranques instintivos, altas y generosas ideas, que él convierte en simulacros excelsos de inteligencia y libertad, estampando en ellos la más brillante y elevada forma que pueda concebir el humano pensamiento. Ella es como la materia que trasforman sus manos y anima su inspiración. El verdadero poeta idealiza. Idealizar es sustituir a la tosca e imperfecta realidad de la naturaleza, el vivo trasunto de la acabada y sublime realidad que nuestro espíritu alcanza. La belleza física y moral, así concebida, tanto en las ideas y afectos del hombre como en sus afectos, tanto en Dios como en sus magnificas obras, he aquí la inagotable fuente de la poesía, el principio y meta del arte, y la alta esfera en que se mueven sus maravillosas creaciones. Hay otra poesía que no se encumbra tanto coma la que primero mencionamos; que más humilde y pedestre viste sencillez prosaica, copia lo vulgar porque no ve lo poético, y a todo su gusto en llevar por únicas galas el verso y la rima. Una y otra se paran y embelesan en la contemplación de la corteza; no buscan el fondo de la poesía porque lo desconocen, y jamás, por lo mismo, ni sugieren una idea ni mueven, ni arrebatan. Ambas careciendo de sustancia, son insípidas como fruto sin sazón. El público dirá si estas rimas tienen parentesco inmediato con alguna de ellas.

La forma, es decir, la elección del metro, la exposición y estructura de La cautiva, son exclusivamente del autor; quien no reconociendo forma alguna normal en cuyo molde deban necesariamente vaciarse las concepciones artísticas, ha debido escoger la que mejor cuadrase a la realización de su pensamiento.

Si el que imita a otra no es poeta, menos será el que, antes de darlo a luz, mutila su concepto para poderlo embutir en un patrón dado, pues esta operación mecánica prueba carencia de facultad generatriz. La forma artística está como asida al pensamiento, nace con él, lo encarna y le da propia y característica expresión. Por no haber alcanzado este principio, los preceptistas han clasificado la poesía, es decir, lo más íntimo que produce la inteligencia, como el mineralogista los cristales, por su figura y apariencia externa; y han inventado porción de nombres que nada significan, como las églogas, idilios etc., y aplicándolo cada uno de los géneros especiales en que la subdividieron. Para ellos y su secta la poesía se reduce a imitaciones y modelos, y todo la labor del poeta debe ceñirse a componer algo que amoldándose a algún ejemplar conocido sea digno de entrar en sus arbitrarias clasificaciones, so pena de cerrarle, si contraviene, todas las puertas y resquicios de su Parnaso. Así fue como, preocupados con su doctrina, la mayor parte de los poetas españoles se empeñaron únicamente en llenar tomos de idilios, églogas, sonetos, canciones y anacreónticas; y malgastaron su ingenio en lindas trivialidades que empalagan, y no dejan rastro alguno en el corazón o el entendimiento.

En cuanto al metro octosílabo en que va escrito este tomo, solo diré: que; un día se apasionó de él, a pesar del descrédito a que lo habían reducido los copleros, por parecerle uno de los más hermosos y flexibles de nuestro idioma; y quiso hacerle recobrar el lustre de que gozaba en los más floridos tiempos de la poesía castellana, aplicándolo a la expresión de ideas elevadas y de profundos afectos. Habrá conseguido su objeto si el lector al recorrer sus rimas no echa de ver que está leyendo octosílabos.

El metro, o mejor, el ritmo, es la música por medio de la cual; la poesía cautiva los sentimientos y obra con más eficacia en el alma. Ora vago y pausado, remeda el reposo y las cavilaciones de la melancolía. Ya sonoro y veloz la tormenta de los afectos: con una disonancia hiere, con una armonía hechiza; y hace como dice P. Schlegel, fluctuar el ánimo entre el recuerdo y la esperanza pareando o alternando sus rimas. El diestro tañedor modula con él en todos los tonos del sentimiento, y se eleva al sublime concierto del entusiasmo y de la pasión.

No hay, pues, sin ritmo poesía completa. Instrumento del arte debe en manos del poeta, armonizar con la inspiración, y ajustar sus compases al vario movimiento de los afectos. De aquí nace la necesidad de cambiar a veces de metro, para retener o acelerar la voz, y dar, por decirlo así, al canto, las entonaciones conformes al efecto que se intenta producir.

El «Himno al dolor» y los «Versos al corazón» son de la época de Los Consuelos, o melodías de la misma lira. Aun cuando parezcan desahogos del sentir individual, las ideas que contienen pertenecen a la humanidad; puesto que el corazón del hombre fue formado de la misma sustancia y animado por el mismo soplo.

Libros a la carta

A la carta es un servicio especializado para
empresas,
librerías,
bibliotecas,
editoriales
y centros de enseñanza;

y permite confeccionar libros que, por su formato y concepción, sirven a los propósitos más específicos de estas instituciones.

Las empresas nos encargan ediciones personalizadas para marketing editorial o para regalos institucionales. Y los interesados solicitan, a título personal, ediciones antiguas, o no disponibles en el mercado; y las acompañan con notas y comentarios críticos.

Las ediciones tienen como apoyo un libro de estilo con todo tipo de referencias sobre los criterios de tratamiento tipográfico aplicados a nuestros libros que puede ser consultado en Linkgua-ediciones.com.

Linkgua edita por encargo diferentes versiones de una misma obra con distintos tratamientos ortotipográficos (actualizaciones de carácter divulgativo de un clásico, o versiones estrictamente fieles a la edición original de referencia).

Este servicio de ediciones a la carta le permitirá, si usted se dedica a la enseñanza, tener una forma de hacer pública su interpretación de un texto y, sobre una versión digitalizada «base», usted podrá introducir interpretaciones del texto fuente. Es un tópico que los profesores denuncien en clase los desmanes de una edición, o vayan comentando errores de interpretación de un texto y esta es una solución útil a esa necesidad del mundo académico.

Asimismo publicamos de manera sistemática, en un mismo catálogo, tesis doctorales y actas de congresos académicos, que son distribuidas a través de nuestra Web.

El servicio de «libros a la carta» funciona de dos formas.

1. Tenemos un fondo de libros digitalizados que usted puede personalizar en tiradas de al menos cinco ejemplares. Estas personalizaciones pueden ser de todo tipo: añadir notas de clase para uso de un grupo de estudiantes, introducir logos corporativos para uso con fines de marketing empresarial, etc. etc.

2. Buscamos libros descatalogados de otras editoriales y los reeditamos en tiradas cortas a petición de un cliente.

www.ingramcontent.com/pod-product-compliance
Lightning Source LLC
LaVergne TN
LVHW101917190826
846094LV00002B/47

* 9 7 8 8 4 1 1 2 6 0 9 9 2 *